13 Juin 1898

Collection de Miniatures de M. X...

DEUXIÈME VENTE [Garnier]

MINIATURES

à l'huile et sur vélin

DES XVIe ET XVIIe SIÈCLES

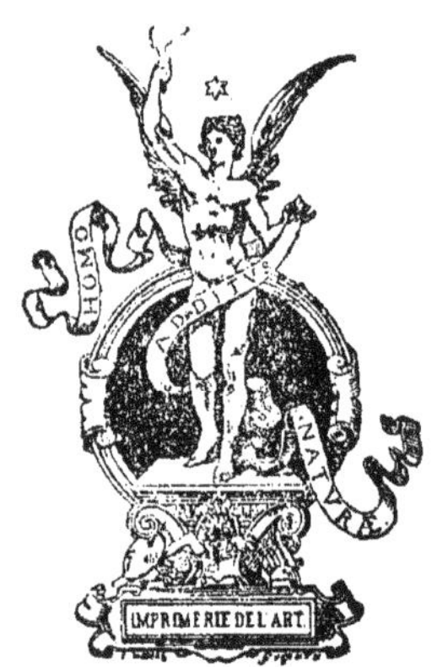
HOMO
ADDITVS
NATVRÆ
IMPRIMERIE DE L'ART

CATALOGUE

DES

MINIATURES

à l'huile et sur vélin

DES XVIe ET XVIIe SIÈCLES

DES ÉCOLES ALLEMANDE, ESPAGNOLE, FLAMANDE, FRANÇAISE,
HOLLANDAISE ET ITALIENNE

Provenant de la Collection de M. X...

ET DONT LA VENTE AURA LIEU

HOTEL DROUOT, SALLE N° 7

Le Lundi 13 Juin 1898

à deux heures

COMMISSAIRE-PRISEUR	EXPERTS
Me PAUL CHEVALLIER	**MM. MANNHEIM**
10, rue de la Grange-Batelière, 10	7, rue Saint-Georges, 7

EXPOSITIONS

PARTICULIÈRE : *Le Samedi 11 Juin 1898*

PUBLIQUE : *Le Dimanche 12 Juin 1898*

DE 1 HEURE 1/2 A 5 HEURES 1/2

**Le présent Catalogue servira de Carte d'entrée
à l'Exposition particulière**

CONDITIONS DE LA VENTE

Elle sera faite au comptant.

Les acquéreurs paieront *cinq pour cent* en sus des adjudications.

Paris. — Imp. de l'Art, E. Moreau et Cie, 41, rue de la Victoire.

DÉSIGNATION

BERCK HEYDE (Attribué à Job)

1 — *Portrait d'Homme.*

En buste, de trois quarts, longue chevelure blonde, rabat blanc, vêtement noir.

Miniature à l'huile. Dans un cadre octogone de bois noir, à moulures guillochées.

Haut.,72 millim.; larg., 60 millim.

CHAMPAIGNE (Attribué à Ph. de)

2 — *Portrait d'une Abbesse.*

De face et en buste. Costume noir, blanc et gris foncé.

Miniature ovale à l'huile. Dans un cadre de bronze, à fleurettes, surmonté d'une tête de chérubin.

Haut., 68 millim.; larg., 55 millim.

CHAMPAIGNE (Attribué à Ph. de)

3 — *Portrait présumé de N. Fouquet.*

En buste, de trois quarts; col uni, pourpoint noir.

Miniature ovale peinte à l'huile. Dans un médaillon en écaille, à charnière et fermoir d'argent.

Haut., 40 millim.; larg., 33 millim.

CHAMPAIGNE (Attribué à Ph. de)

4 — *Portrait d'Homme.*

De trois quarts, moustaches naissantes, longue perruque brune, descendant sur un rabat de guipure. Fond rouge.

Miniature ovale à l'huile. Cadre sculpté et doré.

Haut., 75 millim.; larg., 60 millim.

CLOUET (École des)

5 — *Portrait d'Homme.*

Cheveux et barbe blonds, il est tourné de trois quarts à droite; il a une fraise godronnée et un pourpoint noir. Buste.

Miniature ronde à l'huile, sur bois.

Diam., 7 cent.

COOPER (Attribué à Samuel)

6 — *Portrait présumé de William Cavendisch, duc de Devonshire.*

En buste, revêtu de l'armure, sur laquelle se détache un col uni. A droite, les initiales : S. C. et une date.

Miniature ovale, sur vélin. Dans un médaillon doré.

Haut., 52 millim.; larg., 39 millim.

COQUES (Attribué à Gonzalès)

7 — *Portrait de Femme.*

De trois quarts à droite, cheveux blonds, pèlerine de gaze bordée de guipure, robe noire.

Miniature ovale sur cuivre. Dans un cadre en ivoire.

Haut., 76 millim.; larg., 55 millim.

CUYP (Attribué à A.)

8 — *Portrait de Femme.*

Dame hollandaise représentée presque de face, en buste, portant une coiffe de guipure, une fraise godronnée et une robe de soie gris foncé.

Miniature ovale à l'huile. Dans un cadre octogone d'ivoire, à moulures d'écaille.

Haut., 100 millim.; larg., 75 millim.

DARLAUD (Attribué à)

9 — *Portrait présumé de Édouard Colbert de Villacerf, conseiller du roi.*

De trois quarts vers la droite, perruque poudrée, cravate blanche, manteau de velours ponceau. Buste.

Miniature ovale, sur velin. Dans un médaillon en or.

Haut., 33 mill.; larg. 28 millim.

DUBUISSON (Attribué à)

10 — *Portrait présumé de Louis de Bourbon.*

En tunique bleue et manteau rouge, il tient un lis. Figure à mi-corps.

Miniature ovale, sur velin. Dans un cadre en bronze argenté.

Haut., 62 millim.; larg., 46 millim.

DUGUERNIER (Attribué à)

11 — *Portrait présumé de Marianne de Châteauneuf, dite Duclos.*

A mi-corps, presque de face, en robe de brocart, décolletée, avec écharpe bleue.

Miniature ovale sur vélin. Dans un cadre ancien en bois sculpté, composé de rinceaux et de feuillages entremêlés de fruits.

Haut., 85 millim.; larg., 70 millim.

DICK (Attribué à Anton. Van)

12 — *Portrait d'un Artiste.*

En buste, portant moustaches et barbiche, col bordé de guipure, pourpoint et manteau drapé.

Miniature ovale, en grisaille, sur plaque d'argent. Dans un cadre octogone en ébène.

Haut., 10 cent.; larg., 8 cent.

HOLBEIN (École de)

13 — *Portrait d'Homme.*

Imberbe, coiffé d'une toque noire, il feuillette un in-folio; costume noir bordé de fourrure. Fond bleu.

Miniature ronde. Dans un cadre d'ivoire.

Diam.; 55 millim.

HOSKINS (Attribué à John)

14 — *Portrait présumé de Milton.*

En buste, longs cheveux blonds, col de linon, manteau bleu.

Miniature ovale sur vélin, portant à droite, en dorure, la date 1653 et les initiales J. H. Dans un médaillon d'argent doré.

Haut., 60 millim.; larg., 50 millim.

INCONNU

15 — *Portrait présumé de Marie II, reine d'Angleterre.*

Presque de face, en robe rouge décolletée. Miniature à l'huile. Dans un écrin-médaillon. à bélière, en or.

Haut., 27 millim.; larg., 22 millim.

INCONNU

16 — *Portrait présumé du prince Eugène, de Savoie, Généralissime des armées impériales.*

Presque de face, perruque poudrée, il est en armure et porte les insignes de la Toison-d'Or et le cordon du Saint-Esprit.

Miniature ovale, à l'huile sur cuivre.

Cadre en argent estampé.

Haut., 52 millim.; larg., 38 millim.

INCONNU

17 — *Portrait présumé de Ulrique Éléonore, reine de Suède.*

En buste, portant une robe de velours violet, semée de couronnes d'or et bordée d'hermine.

Miniature ovale sur vélin. Dans un ancien cadre contourné, plaqué d'écaille et incrusté d'argent et de cuivre.

Haut., 62 millim.; larg., 48 millim.

INCONNU

18 — *Portrait d'Homme.*

Cheveux gris, barbe blonde, collerette tuyautée. Buste.

Miniature sur vélin. Dans un cadre en écaille.

Haut.; 37 millim.; larg., 32 millim.

INCONNU

19 — *Portrait d'Homme.*

Blond, portant barbe et moustaches, il a une fraise bouillonnée. Buste.

Miniature ovale sur ivoire. Dans un cadre d'argent surmonté d'une couronne.

Haut., 55 millim.; larg., 28 millim.

KEYSER (Attribué à Th. de)

20 — *Portrait d'Homme.*

De trois quarts, moustaches, barbiche et cheveux bruns ; fraise sur un pourpoint gris. Buste.

Miniature ovale à l'huile. Dans un cadre de buis sculpté, composé de rinceaux feuillagés découpés à jour.

Haut., 63 millim.; larg., 47 millim.

LARGILLIÈRE (École de)

21 — *Portrait de Femme.*

Cheveux poudrés, robe de satin jaune et manteau bleu. En buste de trois quarts.

Miniature ovale à l'huile. Dans un cadre carré en bois doré.

Haut., 85 millim.; larg., 65 millim.

LEBEUN (École de)

22 — *Portrait présumé du duc du Maine.*

De face, longue perruque, rabat de dentelle avec ruban rouge. Buste.

Miniature ovale. Dans un cadre en bois doré.

Haut., 77 millim.; larg., 60 millim.

LENAIN (École des)

23 — *Portrait de Femme.*

De trois quarts, cheveux châtains tordus en rouleaux, perles au cou et aux oreilles. Corsage décolleté, en guipure avec bijou.

Miniature ovale à l'huile. Dans un cadre d'argent repoussé.

Haut., 80 millim.; larg., 65 millim.

MARATTA (Carlo)

24 — *Portrait d'Homme.*

Presque de face, en buste, imberbe, longue chevelure bouclée, cravate de dentelle avec nœud bleu, habit rouge. On lit au revers : « Tomasa Nieri, par Carlo Maratti, en 1695 à Rome. »

Miniature ovale sur cuivre. Dans un cadre sculpté.

Haut., 72 millim.; larg., 58 millim.

METZU (Attribué à G.)

25 — *Portrait d'Homme.*

De trois quarts sur la gauche, imberbe, longue perruque blonde, bouclée. Buste.

Miniature à l'huile. Cadre à rubans, bois doré. Ovale.

Haut., 57 millim.; larg., 43 millim.

MIERIS (Attribué à Fr.)

26 — *Portrait de jeune Femme.*

Presque de face, en buste, chevelure blonde à tresses frisées, parure de perles, robe rose décolletée.

Miniature ovale, finement peinte, sur cuivre. Dans un cadre octogone, plaqué d'écaille et à moulures de bois noir guillochées.

Haut., 77 millim.; larg., 57 millim.

MIERIS (Attribué à Willem)

27 — *Portrait de Femme.*

De trois quarts, en buste, cheveux châtains, avec rouleaux encadrant le visage, plumes bleues et blanches dans la coiffure, collier de perles, corsage de soie bleue.

Miniature ovale, sur cuivre. Dans un cadre de bois sculpté, à rinceaux et à feuillages, surmonté d'une coquille.

Haut., 78 millim.; larg., 62 millim.

MIGNARD (Attribué à Pierre)

28 — *Portrait présumé de Mlle de La Vallière.*

Représentée à mi-jambes, dans la campagne, en costume de nympe chasseresse, une pique à la main, précédée d'un chien.

Miniature à l'huile. Cadre sculpté et doré.

Haut., 18 millim.; larg., 14 millim.

MIGNARD (Attribué à P.)

29 — *Portrait présumé de Lulli.*

Perruque frisée, cravate blanche à jabot de dentelle avec nœuds roses, vêtu d'une robe de chambre bleue à ramages. Buste.

Miniature ovale à l'huile. Dans un cadre à fleurettes et palmes en bois sculpté et doré.

Haut., 88 millim.; larg., 65 millim.

MIGNARD (Style de)

30 — *Portrait d'un Personnage de l'époque Louis XIV.*

Revêtu de l'armure, il est vu de trois quarts et porte une perruque bouclée. Buste.

Miniature ovale sur vélin. Dans un cadre à rubans en bois sculpté.

Haut., 55 millim.; larg., 46 millim.

MIGNARD (Style de)

31 — *Portrait présumé de Marie Stuart, d'Angleterre.*

Représentée presque de face, en buste, avec parure de perles, la poitrine à découvert.

Jolie miniature à l'huile, ovale, peinte sur cuivre. Dans un écrin en peau chagriné.

Haut., 42 millim.; larg., 33 millim.

MIGNARD (Style de)

32 — *Portrait présumé de Henriette d'Angleterre, fille de Charles Ier.*

En buste, décolletée, corsage rose avec bijoux; rangs de perles au cou et dans la coiffure.

Peinture à l'huile sur plaque d'argent. Dans un cadre-médaillon en bronze doré.

Haut., 61 millim.; larg., 45 millim.

MOOR (Attribué à Anton)

33 — *Portrait d'une Dame de qualité.*

En buste, riche costume, avec bijoux au corsage et dans la coiffure ; collerette de guipure.

Miniature à l'huile sur cuivre. Dans un cadre en bronze repercé.

Haut., 62 millim.; larg., 50 millim.

MORONE (Attribué à)

34 — *Portrait d'un Gentilhomme.*

De trois quarts, imberbe, cheveux taillés court, le cou enserré dans une fraise de guipure.

Miniature ronde à l'huile. Dans un cadre octogone en écaille.

Diam., 40 millim.

NASON (Attribué à)

35 — *Portrait présumé de Guillaume-Frédéric, Louis de Nassau.*

Longs cheveux grisonnants, col en point de Venise. De trois quarts, en buste.

Cuivre ovale. Cadre en argent.

Haut., 58 millim.; larg., 44 millim.

NETSCHER (Attribué à C.)

36 — *Portrait de Femme.*

En robe bleue brodée d'argent; elle est vue en buste et de trois quarts; chevelure brune.

Miniature ovale à l'huile. Cadre à rubans en bois sculpté et doré.

Haut., 54 millim.; larg., 45 millim.

NETSCHER (Attribué à C.)

37 — *Portrait de Jeune Femme.*

A mi-corps, de trois quarts, collier de perles, robe de soie noire, avec bijoux et faveurs rouges.

Miniature ovale à l'huile. Dans un cadre rectangulaire en écaille.

Haut., 75 millim.; larg., 62 millim.

PALAMÈDES (Attribué à)

38 — *Portrait de Jeune Femme.*

Des fleurs piquées dans ses cheveux blonds, maintenus par un cordon de perles, en robe bleue avec écharpe rose, une houlette à la main. A mi-corps.

Miniature ovale à l'huile. Dans un cadre en cuivre à rubans.

Haut., 110 millim.; larg., 85 millim.

PETITOT (Attribué à)

39 — *Portrait présumé de Philippe d'Orléans, frère de Louis XIV.*

Longue perruque, nœud rouge au cou, jabot de dentelle.

Petite miniature sur vélin. Dans un médaillon-agrafe en or.

Haut., 26 millim.; larg., 22 millim.

PETITOT (Attribué à)

40 — *Portrait d'Homme.*

Longue perruque blonde, jabots en dentelle. Buste.

Miniature ovale sur vélin. Dans un cadre en bois sculpté et ajouré, à figures de génies, surmonté d'un écu d'armoiries.

Haut., 40 millim.; larg., 33 millim.

PETITOT (Attribué à)

41 — *Portrait de Femme.*

Chevelure brune, bouclée, collier de perles, robe décolletée, fond de ciel. Buste.

Miniature ovale sur vélin. Dans un cadre en cuivre repercé et doré.

Haut., 54 millim.; larg., 43 millim.

POT (Attribué à Henri)

42 — *Portrait d'un Seigneur.*

Cheveux courts, moustaches en croc et barbiche pointue ; il est vu de trois quarts ; une collerette plissée se détache sur son pourpoint brun à crevés.

Miniature, à l'huile, ovale. Dans un cadre en argent.

Haut., 65 millim.; larg., 54 millim.

POT (Attribué à Henri)

43 — *Portrait présumé de Sir William Morice, secrétaire d'État de Charles II.*

Cheveux blonds, imberbe, collerette en guipure. Buste.

Miniature ovale à l'huile. Dans un cadre de bois noir.

Haut., 35 millim.; larg., 28 millim.

POURBUS (Attribué à)

44 — *Portrait présumé de Jeanne d'Autriche, grande-duchesse de Toscane, mère de Marie de Médicis.*

En buste et de trois quarts vers la droite, robe de soie noire, collier de perles, grande collerette de guipure en éventail.

Miniature ovale, à l'huile. Dans un cadre octogone, orné d'appliques d'argent.

Haut., 15 millim.; larg., 12 millim.

POURBUS (École des)

45 — *Portrait présumé de l'Infante Isabelle d'Autriche.*

En buste, tournée à gauche, le visage encadré par une collerette de dentelle tuyautée.

Miniature ovale, à l'huile. Dans un cadre octogone plaqué d'écaille, à moulures guillochées.

Haut., 60 millim.; larg., 46 millim.

POURBUS (École des)

46 — *Portrait de Henri IV.*

Vue en buste, revêtu de l'armure.

Peinture ovale, à l'huile. Dans un écrin en peau chagrin.

Haut., 45 millim.; larg., 37 millim.

RAOUX (Attribué à)

47 — *Portrait de Jeune Fille.*

Représentée à mi-corps, de trois quarts vers la gauche, en costume de bergère, parée de perles, la houlette à la main, accoudée sur un tertre où se voit une corbeille de fleurs.

Miniature ovale, à l'huile, finement peinte.

Cadre en bois sculpté, à fleurettes et feuillages.

Haut., 95 millim.; larg., 77 millim.

VECCHIA (Attribué à Piétro della)

48 — *Portrait d'une Dame vénitienne.*

Blonde, avec perles dans la coiffure, collier d'or, collerette en dentelle. Buste.

Miniature ovale, à l'huile. Cadre sculpté et doré.

Haut., 50 millim.; larg., 42 millim.

VELASQUEZ (Attribué à)

49 — *Portrait d'un Jeune Prince.*

De trois quarts, en buste ; longue chevelure brune, collerette de guipure, écharpe bleue en sautoir sur un pourpoint à crevés.

Miniature ovale, à l'huile. Dans un cadre ancien sculpté, à coquilles et feuilles.

Haut., 75 millim.; larg., 55 millim.

VENNE (Attribué à Van der)

50 — *Portrait de Femme.*

Coiffe et fraise de guipure, robe de soie gris de fer avec chaîne d'or. Buste.

Miniature ovale, à l'huile. Dans un cadre octogone et guilloché en bois noir.

Haut., 75 millim.; larg., 55 millim.

VOS (Attribué à Cornelis de)

51 — *Portrait de Femme.*

Dame hollandaise, représentée en buste, de trois quarts, à gauche. Cheveux blonds, large fraise tuyautée; vêtement foncé.

Coloration délicate.

Miniature ovale à l'huile. Cadre en ébène de forme octogonale.

Haut., 65 millim.; larg., 50 millim.

ÉCOLE ALLEMANDE

(XVIe SIÈCLE)

52 — *Portrait d'un Gentilhomme et portrait d'une Dame, en buste.*

Deux très petites peintures à l'huile, placées au milieu d'un cadre octogone en écaille, à bélière de cuivre.

Haut., 3 cent.; larg., 2 cent.

ÉCOLE ALLEMANDE

(XVIe SIÈCLE)

53 — *Portrait de Femme.*

De trois quarts, à mi-corps, tenant un livre, coiffe et robe noires.

Miniature à l'huile, octogonale. Dans un cadre de bois noir, à moulures guillochées.

Haut., 15 millim.; larg., 85 millim.

ÉCOLE ALLEMANDE

(ÉPOQUE LOUIS XV)

54 — *Portrait d'un Officier.*

A mi-corps, coiffé du tricorne, il a la cuirasse sous un habit rouge.

Miniature ovale à l'huile. Dans un cadre en bois doré.

Haut., 60 millim.; larg., 42 millim.

ÉCOLE ALLEMANDE

55 — *Portrait présumé de Christian IV, roi de Danemarck.*

Blond, portant la barbe. Buste.

Miniature à l'huile. Cadre en argent filigrané d'or.

Haut., 38 millim.; larg., 30 millim.

ÉCOLE ALLEMANDE

56 — *Le Paradis terrestre.*

Peinture au vernis, de forme ronde, dans un cadre de bois noir guilloché.

Diam., 83 millim.

ÉCOLE ALLEMANDE

57 — *Portrait d'Homme.*

En buste.

Miniature gouachée sur velin, de forme rectangulaire. Dans un cadre en bois noir.

Haut., 60 millim.; larg., 47 millim.

ÉCOLE ESPAGNOLE

(FIN DU XVIe SIÈCLE)

58 — *Portrait d'un Gentilhomme.*

Tourné vers la gauche, cheveux châtain foncé, moustaches et barbiche blondes, il a une collerette de guipure et un pourpoint soutaché.

Miniature ovale sur cuivre. Dans un cadre en cuivre doré, enrichi d'émaux.

Haut., 44 millim.; larg., 33 millim.

ÉCOLE ESPAGNOLE

59 — *Portrait présumé de l'Enfante Marguerite, fille de Philippe IV.*

En buste, cheveux cendrés, robe noire avec garniture de dentelle.

Miniature ovale sur cuivre. Dans un écrin en peau de chagrin.

Haut., 53 millim.; larg., 45 millim.

ÉCOLE ESPAGNOLE

60 — *Portrait d'un Gentilhomme.*

Chevelure noire, fraise de guipure, buste. Miniature à l'huile. Dans un cadre en ivoire.

Haut., 28 millim.; larg., 23 millim.

ÉCOLE FLAMANDE

(XVIIe SIÈCLE)

61 — *Portrait d'un Gentilhomme, époque Louis XIII.*

A mi-corps, presque de face, moustaches et barbiche blondes, cheveux bouclés. Un grand col de guipure retombe sur un pourpoint de soie blanche.

Miniature ovale sur cuivre. Dans un cadre ancien en bois sculpté, composé de figures d'amours, de cariatides, de cornes d'abondance.

Haut., 75 millim.; larg., 57 millim.

ÉCOLE FLAMANDE

(XVIe SIÈCLE)

62 — *Portrait d'un Seigneur.*

De trois quarts, moustaches blondes, retroussées, cheveux courts, fraise godronnée. Buste.

Miniature ronde, à l'huile. Dans un cadre carré en ébène, à moulures guillochées et fleurettes rapportées, en argent doré.

Diam., 30 millim.

ÉCOLE FLAMANDE

(XVIIe SIÈCLE)

63 — *Portrait d'Homme.*

Sans doute un officier de la garde civique, en habit gris avec le baudrier doré. Collerette bouillonnée. Imberbe, longue chevelure. En buste et de trois quarts.

Miniature ovale, à l'huile. Dans un écrin en peau chagrinée, clouté d'argent.

Haut., 50 mill.; larg. 38 millim.

ECOLE FLAMANDE

(XVIIe SIÈCLE)

64 — *Portrait d'Homme.*

De trois quarts vers la gauche, longs cheveux ondulés, col uni, habit gris. Buste.

Miniature ovale, à l'huile. Dans un médaillon en écaille monté en argent.

Haut., 53 millim.; larg., 43 millim.

ÉCOLE FRANÇAISE

(FIN DU XVIe SIÈCLE)

65 — *Portrait d'un Gentilhomme.*

Blond, portant les moustaches et la barbiche; une fraise godronnée se détache sur son armure à ornements dorés. Buste.

Miniature à l'huile, ovale. Dans un cadre d'écaille brune.

Haut., 39 millim.; larg., 33 millim.

ÉCOLE FRANÇAISE

(ÉPOQUE LOUIS XIII)

66 — *Portrait d'un Commandant d'armée.*

Presque de face et en buste. Cheveux bruns. En armure avec l'écharpe blanche.

Miniature ovale, à l'huile. Cadre en bois sculpté et doré.

Haut., 60 millim.; larg., 47 millim.

ÉCOLE FRANÇAISE

(ÉPOQUE LOUIS XIV)

67 — *Portrait d'Homme.*

Personnage, du temps de Louis XIV, vu de trois quarts, en buste, portant la perruque et revêtu d'une armure, en partie cachée par un manteau de soie bleue. Buste.

Miniature sur vélin, d'une grande finesse. Cadre médaillon ; or ciselé et écaille.

Haut., 35 millim. ; larg., 28 millim.

ÉCOLE FRANÇAISE

(XVIIe SIÈCLE)

68 — *Portraits présumés d'Anne d'Autriche, de Marie-Thérèse et du Grand-Dauphin, fils de Louis XIV.*

Miniature rectangulaire, sur vélin. Dans un cadre doré.

Haut., 43 millim. ; larg., 48 millim.

ÉCOLE FRANÇAISE

(XVIIe SIÈCLE)

69 — *Portrait présumé de la duchesse de Fontanges.*

Vue de trois quarts, en peignoir de soie blanche garni de dentelle, laissant la gorge à découvert. Buste.

Jolie miniature, à l'huile. Dans un cadre d'écaille orné d'incrustations d'or.

Haut., 60 millim.; larg., 44 millim.

ÉCOLE FRANÇAISE

(XVIIe SIÈCLE)

70 — *Portrait présumé de Marie de Rohan Montbazon, duchesse de Chevreuse.*

En buste, corsage décolleté, garni de guipure, collier et pendant d'oreilles en perles. Fond doré.

Miniature ovale, sur vélin. Dans un cadre orné en cuivre doré.

Haut., 38 millim.; larg., 33 millim.

ÉCOLE FRANÇAISE

(XVIIe SIÈCLE)

71 — *Portrait d'Homme, époque Louis XIV.*

Personnage en buste, de trois quarts vers la droite, imberbe, longue perruque descendant sur une collerette plate bordée de dentelle.

Miniature ovale, sur cuivre. Dans un écrin en peau chagrinée, clouté d'argent.

Haut., 54 millim.; larg., 44 millim.

ÉCOLE FRANÇAISE

(XVIIe SIÈCLE)

72 — *Portrait présumé du Grand Dauphin, fils de Louis XIV.*

Il porte la perruque, une cravate à nœud bleu, un jabot de dentelle et est en armure. Buste.

Miniature à l'huile. Cadre en bois doré.

Haut., 35 millim.; larg., 25 millim.

ÉCOLE FRANÇAISE

(XVIIe SIÈCLE)

73 — *Portrait présumé de Jean-Baptiste Rousseau.*

De face, perruque poudrée, habit rougeâtre, avec manteau bleu jeté sur l'épaule. Buste.

Miniature à l'huile. Dans un écrin en cuivre revêtu de galuchat.

Haut., 58 millim.; larg., 47 millim.

ÉCOLE FRANÇAISE

(XVIIe SIÈCLE)

74 — *Portrait d'un Gentilhomme.*

Blond, portant moustaches et barbiche, il est tourné de trois quarts. Une collerette ronde, plissée se détache sur son pourpoint en drap d'or. Buste.

Miniature ovale, à l'huile sur plaque d'argent. Dans un écrin en cuivre gravé et doré, portant des armoiries et l'inscription : « POVR CELLE QVE AYME J'ENDVRE, 1627. »

Haut., 60 millim.; larg., 50 millim.

ÉCOLE FRANÇAISE

(XVIIe SIÈCLE)

75 — *Portrait d'Homme.*

Longs cheveux, moustaches et barbiche; col uni, vêtement noir.

Miniature à l'huile. Dans un médaillon à cordelière.

Haut., 32 millim.; larg., 26 millim.

ÉCOLE FRANÇAISE

(XVIIe SIÈCLE)

76 — *Portrait d'Homme.*

Chevelure noire, moustaches naissantes, col uni. Epoque Louis XIII.

Petite peinture sur cuivre, placée dans une boîte en argent filigrané.

Haut., 26 millim.; larg., 20 millim.

ÉCOLE FRANÇAISE

(XVIIe SIÈCLE)

77 — *Portrait d'Homme.*

Perruque poudrée, vu en buste, drapé dans un manteau rouge.

Miniature ovale, sur vélin, dans le style de Rigaud. Cadre en cuivre doré.

Haut., 32 millim.; larg., 25 millim.

ÉCOLE FRANÇAISE

(XVIIe SIÈCLE)

78 — *Portrait d'Homme.*

Personnage, du règne de Louis XIV, presque de face, portant la perruque poudrée, une cravate de dentelle et un vêtement bleu.

Miniature sur vélin. Dans un cadre en argent estampé.

Haut., 34 millim.; larg., 27 millim.

ÉCOLE FRANÇAISE

(XVIIe SIÈCLE)

79 — *Portrait d'Homme.*

En armure, tourné de trois quarts vers la droite. Buste.

Miniature à l'huile. Dans un cadre-médaillon à perles en cuivre doré.

Haut., 31 millim.; larg., 24 millim.

ÉCOLE FRANÇAISE

(XVIIe SIÈCLE)

80 — *Portrait d'Homme.*

En buste, longs cheveux bruns, col plat ressortant sur un vêtement foncé.

Miniature ovale sur cuivre. Dans un écrin de cuivre revêtu de cuir.

Haut., 70 millim.; larg., 63 millim.

ÉCOLE FRANÇAISE

(ÉPOQUE LOUIS XVI)

81 — *Portrait de Femme.*

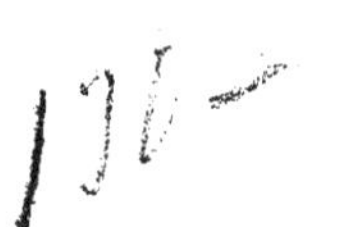

Cheveux poudrés, la tête recouverte d'un voile de tulle, en robe bleue, avec nœud jaune sur la poitrine.

Miniature ovale à l'huile. Dans un cadre à perles, feuilles, rubans, etc., en bois sculpté relevé de filets dorés.

Haut., 100 millim.; larg., 72 millim.

ÉCOLE FRANÇAISE

(XVIIIe SIÈCLE)

82 — *Portrait présumé de Louis Henri, duc de Bourbon.*

En armure, tourné vers la droite, longue perruque poudrée. Buste.

Cuivre ovale. Dans un cadre, bois doré.

Haut., 77 millim.; larg., 59 millim.

ÉCOLE FRANÇAISE

83 — *Portrait de Bachot.*

De trois quarts, en buste, vêtement gris, col uni.

Miniature à l'huile, ovale, sur cuivre. Au revers, la plaque porte en lettres gravées l'inscription : « *H. Bachot, ingénieur et géographe ord^{re} du Roy Aagé de 47 ans en Mil vj^{e} trente cincq.* »

Miniature à l'huile. Cadre doré.

Haut., 50 millim.; larg., 40 millim.

ÉCOLE FRANÇAISE

84 — *Portrait d'Homme.*

Perruque poudrée, cravate blanche, habit brun.

Miniature ovale, sur vélin. Dans un cadre-médaillon.

Haut., 36 millim.; larg., 30 millim.

ÉCOLE FRANÇAISE

85 — *Portrait d'Homme.*

De face, perruque poudrée.

Miniature ovale, sur vélin. Dans un cadre en ivoire.

Haut., 26 millim.; larg., 21 millim.

ÉCOLE FRANÇAISE

86 — *Portrait d'Homme.*

Personnage, du temps de Louis XIV, portant la perruque et drapé de bleu.

Miniature ovale, sur vélin. Dans un cadre noir à torsade de cuivre.

Haut., 55 millim.; larg., 45 millim.

ÉCOLE HOLLANDAISE

XVIIe SIÈCLE

87 — *Portrait de Femme.*

Tournée vers la droite, en robe décolletée, avec perles et bijoux.

Miniature ovale à l'huile. Cadre doré.

Haut., 77 millim.; larg., 57 millim.

ÉCOLE HOLLANDAISE

(XVIIe SIÈCLE)

88 — *Portrait de Femme.*

En buste, avec collier de perles et bijou sur la poitrine, robe décolletée.

Miniature à l'huile. Cadre enrichi de marcassites. Dans un écrin en peau.

Haut., 36 millim.; larg. 28 millim.

ÉCOLE HOLLANDAISE

(XVIIe SIÈCLE)

89 — *Portrait présumé de Juste Van den Vondel, célèbre poète hollandais.*

En buste, drapé de bleu, le cou à découvert, il est vu de trois quarts.

Miniature ovale à l'huile. Dans un cadre en bois sculpté.

Haut., 50 millim.; larg., 35 millim.

ÉCOLE HOLLANDAISE

(XVIIe SIÈCLE)

90 — *Portrait d'Homme.*

Blond, portant les moustaches et la barbiche, il est vêtu d'un pourpoint marron clair sur lequel s'abat un large col, à bords dentelés.

Miniature ovale sur cuivre. Dans un cadre en bronze doré.

Haut., 58 millim.; larg., 48 millim.

ÉCOLE HOLLANDAISE

(XVIIe SIÈCLE)

91 — *Portrait d'Homme.*

Longue perruque blonde et bouclée, cravate de dentelle avec ruban.

Miniature ovale sur cuivre. Dans un cadre de bois sculpté à rinceaux feuillagés, portant en bas un écu d'armoiries et surmonté d'une couronne.

Haut., 62 millim.; larg., 50 millim.

ÉCOLE HOLLANDAISE

(XVIIe SIÈCLE)

92 — *Portrait d'Homme.*

Vu en buste, de trois quarts, moustaches blondes, cheveux châtain clair.

Petite miniature à l'huile. Dans un cadre en argent estampé.

Haut., 26 millim.; larg., 20 millim.

ÉCOLE HOLLANDAISE

(XVIIe SIÈCLE)

93 — *Portrait d'Homme.*

Moustaches retroussées, barbiche et cheveux blonds. Grand col uni, vêtement noir. Buste.

Miniature sur cuivre. Dans un médaillon en écaille.

ÉCOLE HOLLANDAISE

94 — *Portrait d'Homme.*

Personnage à barbe châtain, le front découvert, vu en buste, de trois quarts; collerette plissée, vêtement noir à parement de fourrures.

Miniature ovale, à l'huile. Dans un cadre ancien, plaqué d'ébène et à moulures guillochées.

Haut., 62 millim.; larg., 40 millim.

ÉCOLE HOLLANDAISE

95 — *Portrait d'Homme.*

En buste, longs cheveux bruns, grand col bordé de dentelle.

Miniature à l'huile, sur une plaque d'argent. Dans un écrin en émail, enrichi de pierres de couleurs.

Haut., 33 millim.; larg., 28 millim.

ÉCOLE ITALIENNE

96 — *Portrait de Femme.*

Jeune dame, blonde, portant une coiffe de dentelle et une fraise plissée.

Miniature ronde à l'huile. Cadre noir.

Diam., 43 millim.

ÉCOLE ITALIENNE

97 — *Portrait présumé de Marie de Mancini.*

En buste; collier de perles, nœuds jaunes et violets dans la coiffure et au corsage.

Miniature à l'huile. Cadre en bois doré.

Haut., 72 millim.; larg., 55 millim.

ÉCOLE ITALIENNE

98 — *Portrait du pape Grégoire XII.*

Représenté en buste.

Cuivre ovale. Dans un cadre en bronze doré, à branches de fleurs, rinceaux et têtes de chérubins.

ÉCOLE ITALIENNE

99 — *Portrait présumé de Clément XIV.*

Représenté à mi-corps, assis, faisant le geste de bénir.

Miniature ovale, sur vélin. Dans un cadre en cuivre repoussé et doré.

ÉCOLE VÉNITIENNE

(FIN DU XVIe SIÈCLE)

100 — *Portrait de Femme.*

Une fleurette piquée dans ses cheveux blonds relevés vers le sommet de la tête; elle a une fraise plissée, à godrons. Buste.

Miniature à l'huile, ronde. Dans un cadre en bois sculpté.

Diam., 62 millim.

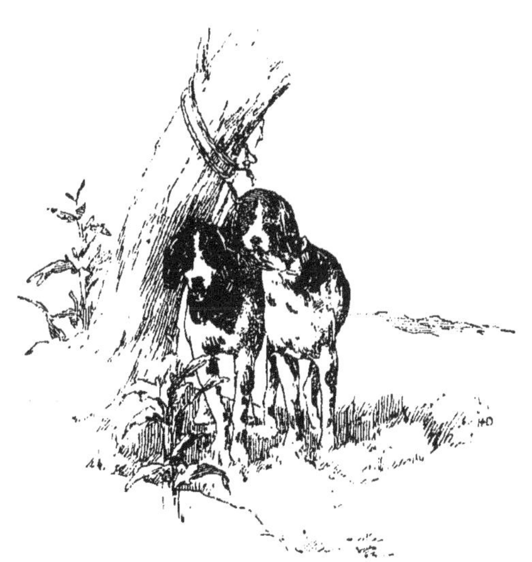

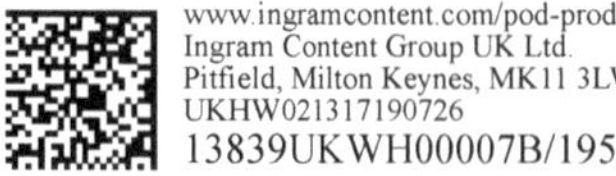

www.ingramcontent.com/pod-product-compliance
Ingram Content Group UK Ltd.
Pitfield, Milton Keynes, MK11 3LW, UK
UKHW021317190726
13839UKWH00007B/1952